ALBUM TEUTONIQUE.

Faire le bien, c'est semer pour un avenir sans fin.

KRUMMACHER.

DE L'IMPRIMERIE DE LOUIS PERRIN, À LYON.

Album teutonique

ou

CHOIX DE PENSÉES

EXTRAITES ET TRADUITES

DES

auteurs allemands,

Par le Vicomte Maurice du Parc,

Chevalier de St-Louis, etc.

*

SECONDE ÉDITION.

*

A LYON,

CHEZ LES PRINCIPAUX LIBRAIRES.

1828.

RÉPONSE DE S. M. LE ROI DE BAVIÈRE.

✣✣✣

Monsieur le Vicomte, j'ai reçu la lettre que vous avez bien voulu m'adresser le 26 décembre, en m'envoyant un exemplaire de votre *Choix de Pensées extraites et traduites des auteurs allemands*. Vous n'auriez pas pu faire plus d'honneur à l'éducation que vous avez reçue dans notre pays, qu'en mettant, par cette traduction, sous les yeux des Français également éclairés, ce *Choix de pensées* d'auteurs qui, à juste titre, font notre gloire. Je vous remercie bien de l'attention que vous avez eue de m'en faire part, et je saisis cette occasion de vous assurer des sentiments d'estime avec lesquels je suis

Votre affectionné

LOUIS.

Munich, ce 6 janvier 1827.

+<+<+<+<+<+<+<+<+<+<+<+<+<+<+<+<+<+<+<+<+<+<+<

CHOIX
DE PENSÉES

EXTRAITES ET TRADUITES

DES

AUTEURS ALLEMANDS.

1.

Vivre, c'est se diriger vers ses foyers éternels sous les yeux du Dieu créateur.

Faire le bien, c'est semer pour un avenir sans fin.

Souffrir, c'est se débarrasser de la poussière terrestre qui voile le fruit qui mûrit en nous.

Mourir, c'est quitter notre enveloppe périssable, pour montrer dans tout son éclat la fleur de l'immortalité.

KRUMMACHER.

2.

Pour la Divinité tout but est un moyen, et tout moyen un but.

LAVATER.

3.

L'homme renferme en lui-même un dieu qui peut tout pour le bien, et un démon qui a la même puissance pour le mal. — Ce dieu s'appelle amour, et ce démon, égoïsme.

LAVATER.

4.

L'amour est l'échelle à l'aide de laquelle nous nous élevons vers les puissances célestes.

GRAMBERG.

5.

Le désespoir est athéisme.

RICHTER.

6.

Le monde est le temple le plus cher à l'Auteur de la nature, et nos cœurs, les autels qui lui sont le plus agréables.

BLUMANER.

7.

Connaître Dieu est impossible, — le servir, difficile, — mais l'adorer est sage et naturel.

HUBER.

8.

L'époque des affections du cœur est pour nous l'âge d'or.

GOSCHHAUSEN.

9.

Il est donné au commun des hommes d'être amoureux, mais il n'appartient qu'aux êtres d'une nature supérieure de savoir aimer.

GOSCHHAUSEN.

10.

La vertu est un art libéral.

JACOBI.

11

Être constant et fidèle, c'est l'âme de la vertu.

JACOBI.

12.

Il n'y a pas de chapitre de l'histoire de l'espèce humaine qui soit plus instructif pour le cœur et l'esprit, que les annales de ses aberrations.

SCHILLER.

13.

Il faut déjà un haut degré de vertu pour ne pas envisager et combattre, comme une puissance ennemie, les obstacles qui s'opposent à l'accomplissement de nos vœux les plus chers.

SCHILLER.

14.

L'amour est compagne de la grandeur, de la magnani-mité, et d'une certaine abondance de l'ame.

Les vertus de la femme sont un fantôme aux yeux du libertin froid et insensible, mais elles commandent aux hommages et à la vénération des hommes supérieurs aussi les écrivains du premier ordre ont-ils presque tous élevé, dans les productions de leur génie, un monument à l'amour doux et noble dont les saintes inspirations en-flammaient leur ame.

AUGUSTE LAFONTAINE.

15.

L'espoir d'un meilleur avenir est l'objet de nos plus douces rêveries.

SCHILLER.

16.

Ce qui prouve avec évidence la malédiction qui pour-suit une mauvaise action, c'est l'obligation qu'elle impose d'en commettre de nouvelles.

SCHILLER.

17.

De même que la gloire et la fortune, la vertu a ses héros.

SCHILLER.

18.

Le plus beau des triomphes, c'est de pardonner.

SCHILLER.

19.

Quelque chose de plus impérissable que les conquêtes, —les chefs-d'œuvre,—les découvertes et les monuments appelés à transmettre notre souvenir à la postérité la plus reculée, — c'est de faire une action vertueuse qui n'ait pour témoins que Dieu et notre conscience.

SCHILLER.

20.

Une femme sans amour est un printemps sans fleurs.

GOSCHHAUSEN.

21.

Le véritable amour peut servir d'égide à la vertu même.

GOSCHHAUSEN.

22.

L'amour fit naître les beaux-arts qui embellissent les beaux jours de la vie, et les sensations qui consolent de ses orages.

HERDER.

23.

L'amour est la poésie de la vie.

SCHLEGE.

24.

Que puis-je exiger de plus de la postérité, si elle dit un jour de moi : Il fut aimé !

JEAN-PAUL.

25.

La vertu couronne d'une auréole céleste les sages qui l'exercent sans prétention.

WIELAND.

26.

La surprise peut bien perdre l'innocence, mais les séductions ne peuvent la corrompre.

WIELAND.

27.

La nature n'exige jamais ce que la vertu défend.

HALLER.

28.

On doit tout sacrifier à l'amitié, hors le devoir.

B. STERNAU.

29.

Celui qui soupire après un ami avec toute l'ardeur qu'une ame exaltée met à la recherche d'une amante, mérite de les posséder l'un et l'autre. Mais il y a dans ce bas monde des individus qui peuvent traverser la vie sans s'être jamais mis en peine de l'affection de qui que ce soit.

JEAN-PAUL.

30.

L'être humain que ses affections unissent au cœur d'un autre mortel, a déjà commencé le cours de son éternelle félicité.

FESSLER.

31.

Il faut avoir le courage de se montrer dans le monde tel que l'on est à ceux qui se disent nos amis; et la perte de ceux qui nous abandonnent à l'apparence d'une imperfection ne doit pas nous attrister, car ceux-là ne nous furent jamais sincèrement attachés.

KLEIST.

32

Ceux-là sont seuls susceptibles de nourrir les vrais sentiments de l'amitié, dont le génie supérieur embrasse l'enchaînement de toutes les parties qui constituent la nature et les sciences, parce qu'eux seuls aussi peuvent s'estimer sur des données positives.

KLEIST.

33.

L'homme se sent plus en autrui qu'en lui-même.

JACOBI.

34.

La nature sert de base à l'amour de l'humanité; la puissance, les talents, le mérite, à la considération; et l'harmonie des ames, à...... l'amitié.

LAVATER.

35.

De nobles sentiments enfantent de belles actions.

DALBERG.

36.

Pourquoi le goût et le génie marchent-ils si rarement de concert? — C'est que l'un redoute la force, et l'autre méprise les entraves.

SCHILLER.

37.

La timide modestie est le plus séducteur de tous les attraits, et celui dont le possesseur se doute le moins; car le beau est caché à lui-même et s'étonne de sa propre puissance.

SCHILLER.

38.

Pour bien connaître la beauté et la joie, il faut avoir vu l'une au moment de la souffrance, et l'autre s'épanouir sur un joli visage.

SCHILLER.

39.

Les préjugés avec lesquels nous grandissons ne perdent pas leur pouvoir sur nous, parce que nous reconnaissons enfin que ce sont des préjugés; et tous ceux qui se moquent de leurs fers ne sont pas libres pour cela.

LESSING.

40.

Le plus malheureux préjugé, c'est de considérer les siens comme les plus supportables.

LESSING.

41.

L'amour croit à une double immortalité : il ne saurait *être* avec le doute de son existence éternelle; car il est indifférent à notre cœur que l'objet de nos affections disparaisse, ou que ce ne soit que son amour.

SCHWARTZFELD.

42.

S'il arrivait jamais que tous les temples du bonheur vinssent à s'écrouler, un souffle de l'amour suffirait pour les réédifier.

BOUTERWECK.

43.

La vertu vivifie le système moral, de même que le soleil anime l'ordre physique.

ABBT.

44.

Les besoins des enfants de la terre sont pour eux des liens d'un attachement réciproque, et leurs souffrances, des épreuves épuratoires qui les rendent mûrs pour les jouissances de l'éternité.

ALXINGER.

45.

La justice, l'énergie, le respect pour les mœurs et les lois qui en dérivent : tels sont les éléments de la véritable liberté.

BONSTETTEN.

46.

Les ames élevées espèrent toujours plus long-temps que celles d'une essence plus commune; et lorsque la chaîne des Alpes est déjà plongée dans l'ombre, le soleil éclaire encore de ses rayons les sommités du mont Blanc.

JEAN-PAUL.

47.

Mortels qui voulez contempler la Divinité, ne portez pas vos regards au delà des nuages : partout elle peut apparaître à nos regards dans sa gloire et dans sa majesté ; nous la rencontrons dans la vie des fidèles, et nous l'appelons même dans notre propre sein toutes les fois que dans nos actions nous suivons l'impulsion de l'éternelle miséricorde.

FICHTÉ.

48.

Il n'y a que deux antiques qui aient le cachet de la perfection : Dieu, et le monde.

JEAN-PAUL.

49.

Nous errons tous, mais chacun erre différemment des autres.

HALLER.

50.

L'homme ne saurait avoir trop bonne opinion des hommes, car ses actions portent l'empreinte de ses sentiments pour eux.

SCHILLER.

51.

Voyons agir les autres si nous voulons nous connaître, et jetons un regard sur nous-mêmes quand nous voulons connaître l'espèce humaine.

SCHILLER.

52.

Notre valeur dans le monde dépend de celle que nous nous donnons.

SCHILLER.

53.

Celui qui vit au gré des plus sages de ses contemporains a vécu pour tous les âges.

SCHILLER.

54.

Il est dans la destinée des hommes de commander à la nature, et dans celle des femmes de gouverner les hommes; voilà pourquoi les premiers sont doués de plus de force, et les autres de plus d'adresse.

KANT.

55.

Les hommes ne sont pas toujours ce qu'ils semblent être; mais rarement ils sont quelque chose de mieux.

LESSING.

56.

Il n'y a que ce qui est commun que l'on méconnaisse rarement.

LESSING.

57.

Ce que l'homme peut ranger sous ses lois est incalculable; mais la nécessité et les lumières d'une longue expérience peuvent seules le déterminer à prendre de l'empire sur lui-même.

GOETHE.

58.

Une vie inutile est une mort anticipée.

GOETHE.

59.

Les peines de la vie nous apprennent à en apprécier les douceurs.

GOETHE.

60

La nature humaine a ses limites : elle peut endurer jusqu'à un certain point la joie, les tourments et la douceur; — passé ce degré elle succombe.

GOETHE.

61.

Les talents se forment dans la solitude, et les caractères dans le torrent de la vie.

GOETHE.

62.

C'est particulièrement par ce que les hommes tournent en ridicule, que leur caractère se dévoile le plus.

GOETHE.

63.

Allons au devant des hommes et ne les attendons pas, si nous voulons les connaître.

GOETHE.

64.

Les plus grands hommes tiennent toujours à leur siècle par quelque faiblesse.

GOETHE.

65.

Les fous et les sages sont également inoffensifs; il n'y a que les demi-fous ou les demi-sages qui soient à craindre.

GOETHE.

66.

Deux minutes et demie embrassent le cours de la vie humaine : l'une se passe à sourire, — l'autre à soupirer, et — c'est au milieu de la troisième, consacrée aux affections, que nous trouvons le terme de notre existence.....

JEAN-PAUL.

67.

La vie n'est qu'une traduction informe et prosaïque des beaux rêves de notre imagination.

JEAN-PAUL.

68.

Ce n'est point par degrés que l'homme passe d'une opinion à une conviction opposée, — de la haine à l'amour, — de l'amour à la haine, — du vice à la vertu, — mais de plein saut, et un éclair suffit pour renverser ses pôles magnétiques.

JEAN-PAUL.

69.

Le cœur humain tombe en poussière, mais jamais sa tendance.

JEAN-PAUL.

70.

Les hommes sont comme les livres que commencent et finissent deux feuillets blancs, — l'*enfance* et la *vieillesse*.

JEAN-PAUL.

71.

C'est avec frivolité que l'homme sans principes lance

autour de lui les brandons ardents de sa dépravation; mais si, par une inadvertance du sort, il a pu échapper pendant sa vie à l'exécration de ses contemporains, les débris fumants de l'incendie qu'il a causé n'en viennent pas moins se placer sur sa tombe, comme un monument de flétrissure et de malédiction qui traverse sans altération la succession des siècles.

JEAN-PAUL.

72.

Toutes les jouissances de ce monde doivent-elles donc être comme les cerises qui déparent la bouche qui les a mangées?

JEAN-PAUL.

73.

Nos cœurs sont plus exposés aux traits du sort que nos têtes.

JEAN-PAUL.

74.

Les hommes qui cessent de vivre sont traités comme les acteurs : c'est quand ils quittent la scène qu'on les applaudit. JEAN-PAUL.

75.

Les larmes que nous répandons sur la tombe de l'objet aimé, sont moins agréables à ses mânes que les pleurs que nous séchons, et la plus belle couronne cinéraire dont nous puissions orner les monuments funèbres qui nous sont chers, est une guirlande de bonnes actions.

JEAN-PAUL.

76.

Ce n'est point au peuple ni aux animaux que la tête tourne au penchant de l'abyme,.... mais à l'*homme*.

JEAN-PAUL.

77.

Si quelqu'un qui vient d'exercer l'hospitalité veut bien connaître son hôte, il faut qu'il l'accompagne et l'écoute au sein d'un autre foyer. — De même un amant : veut-il mieux connaître sa bien-aimée dans une heure d'observation que dans un mois d'adoration, qu'il l'examine au milieu de ses amies ou de ses ennemies.

JEAN-PAUL.

78.

L'homme *aimable*, dans la véritable acception du mot, est celui qui met de la franchise dans ses rapports d'amitié, qui traite ses parents avec déférence, les femmes avec politesse et courtoisie, qui protége le foible, vient au secours de l'indigent, qui conserve de l'humilité devant l'arrogance, qui donne avec douceur des avis aux hommes égarés, et qui traite les sages selon leur humeur.

GLEINER.

79.

Celui-là est un galant homme qui sait taire ou excuser les défauts d'autrui, et entourer de leur plus vif éclat les faits qui honorent ses amis.

GLEINER.

80.

Nous sommes trop rapprochés de nous-mêmes pour pouvoir bien apprécier nos défauts.

TIEDGE.

81.

Tous les aspects de cette vie ont leurs chances épineuses, et les fous seuls peuvent en espérer où le bien soit sans mélange.

TIEDGE.

82.

L'homme n'est pas ce que *ses actions* ne peuvent prouver qu'il soit.

GARVE.

83.

Les larmes sont parfois un honorable attribut de l'humanité, et il n'y a qu'à se tenir en garde contre l'orgueil ou la frivolité de quiconque n'en répandit jamais.

GOTTER.

84.

A le bien examiner, nous trouvons le *ciel* et l'*enfer* dans notre propre cœur. — Ce cœur renferme l'*amour*, qui vivifie tout autour de nous; — l'*amour-propre*, qui tend à tout détruire hors de nous; — la *bonté*, qui se soumet à tout, — et l'*égoïsme*, qui prétend tout dominer.

LAVATER.

85.

La connaissance des hommes est l'ame de la société.

LAVATER.

86.

L'homme est un acteur qui fait plus attention à l'effet qu'il produit sur la galerie, qu'au rôle qui doit l'animer.

B. STERNAU.

87.

Notre ferme volonté est notre toute-puissance.

FICHTÉ.

88.

Notre vie est une goutte de rosée que l'aurore des félicités éternelles détache de la masse des existences terrestres.

GESSNER.

89.

Il y a beaucoup de mérites que ne signale pas l'admiration des hommes; mais il n'existe pas d'hommes honorés des suffrages de la majorité qui n'aient quelque mérite.

SCHULZ.

90.

Le type de notre caractère se trouve dans notre physionomie, où chaque passion imprime les traits qui lui sont particuliers, et où celles qui nous dominent laissent malgré nous des traces ineffaçables.

KLEIST.

91.

L'âge n'enlaidit point celui dont l'ame peut se montrer à découvert.

LICHTEMBERG.

92.

Le cœur de l'homme est semblable à une meule de moulin, qui s'use lorsqu'elle n'a rien à moudre pendant la durée de ses révolutions.

LOGAU.

93.

Il y a beaucoup d'idées religieuses, mais il n'y a qu'une seule religion.

JEAN-PAUL.

94.

Ce n'est point un mal que l'*homme* trouve des consolations dans la *philosophie* : — c'est en ses mains un *glaive* propre aux attaques, qui sied à sa puissance ; mais les forces moins prononcées de la *femme* exigent qu'elle ne soit armée que d'un *bouclier*, qu'elle trouve dans sa *religion protectrice*.

KOTZEBUE.

95.

Tandis que le monde enchaîne nos actions dans la limite des convenances, asservissons-le nous-mêmes par la liberté et la hardiesse de nos opinions.

GOETHE.

96.

Le véritable sage est libre, quoique chargé de fers ; c'est un demi-dieu qui foule aux pieds la roue de la fortune.

OPITZ.

97.

La vertu peut se montrer rigide, mais jamais cruelle.

SCHILLER.

98.

Dieu nous donna les vertus comme gages de nos futures destinées.

TIEDGE.

99.

Nos passions sont des phénix qui renaissent de leurs cendres.

GOETHE.

100.

Les vertus ressemblent à l'aimant : plus on les exerce, plus elles gagnent en puissance.

KRETSCHMANN.

101.

Il n'y a point d'anéantissement : la mort n'est qu'une transformation des êtres organisés.

GOETHE.

102.

Notre pauvre cœur, assiégé ici-bas par mille orages, ne goûte enfin le repos que là où il ne bat plus.

SALIS.

103.

Une bonne renommée survit au bonheur, à la puissance, à la grandeur et à l'opulence.

HERDER.

104.

L'univers est dans un état de résurrection perpétuelle.

105.

Il n'y a que ce qui fut destiné pour l'éternité qui puisse la soupçonner.

106.

Dans une vie pure et sans tache, il n'y a rien que le Léthé puisse engloutir dans ses flots.

TIEDGE.

107.

Quand par le fait du trépas nous arrivons au moment d'une éclatante résurrection, il n'y a pas de mal pour quiconque perd ainsi le sentiment de la douleur, et la mort n'est cruelle que pour ceux qui demeurent ici-bas, et aux affections desquels elle nous arrache.

FICHTÉ.

108.

Pourquoi des méditations sur notre immortalité ne viendraient-elles pas embellir nos jouissances terrestres, lorsque des sarcophages s'emploient à l'ornement de nos jardins?

JEAN-PAUL.

109.

Toute immortalité n'est pas également désirable, car les damnés aussi sont immortels; — semblables à ces momies d'Égypte qui pendant des siècles résistent à la corruption, faisons donc en sorte que notre renommée, en traversant les âges, exhale ces parfums qui rendent notre souvenir cher à l'humanité.

RICHTER.

110.

La tombe n'est pas profonde; c'est la trace lumineuse de l'ange qui nous appelle. Lorsqu'une main inconnue dirige contre un mortel le dernier trait qui lui est destiné, soudain il baisse la tête, et ce trait en l'effleurant ne fait qu'enlever la couronne d'épines qui lui ceignait le front.

JEAN-PAUL.

111.

A notre dernière heure, ce qui est poussière rentre dans la poussière, et l'étincelle céleste remonte vers le Dieu créateur.

MATHISSON.

112.

Dans presque toutes les *opérations de la mort*, comme dans les courses des somnambules sur les toits, les véritables tourments sont pour le spectateur.

JEAN-PAUL.

113.

Il n'est point de si grand malheur qui doive nous priver de l'espoir du bien-être, car nous aurons toujours Dieu et la mort pour auxiliaires.

JEAN-PAUL.

114.

La candeur est le cachet de la vérité; le repos, celui de la franchise, et la chaleur, celui de l'amour.

LAVATER.

115.

Les idées sont des capitaux qui portent intérêt entre les mains du génie.

JEAN-PAUL.

116.

Ceux qui ont un peu d'esprit trouvent presque tout ridicule, ceux qui en ont beaucoup, — presque rien.

GOETHE.

117.

Ainsi que l'Église, la vérité a ses hérétiques.

KLEIST.

118.

De même que les califes des *Mille et une Nuits*, c'est déguisée que la vérité opère le plus de bien.

B. STERNAU.

119.

Il faut du courage pour braver tous les dangers d'un incendie, mais il en faut souvent bien davantage pour oser dire la vérité aux autres — et à soi-même.

B. STERNAU.

120.

Les capacités de l'esprit qui s'exerce dans les voies de l'erreur augmentent aussi son aptitude à concevoir la vérité.

B. STERNAU.

121.

Les lumières de la raison sont des plantes tardives dont la maturité exige un ciel favorable, beaucoup de soins, et une longue suite de printemps.

B. STERNAU.

122.

Il est rare que nous arrivions à la vérité autrement que par des extrêmes, et nous épuisons souvent les ressources de l'erreur et de la sottise avant d'avoir péniblement atteint le but sublime de l'impassible et éternelle sagesse.

SCHILLER.

123.

Les vérités sont destinées aux hommes; mais la vérité fait partie de l'essence divine.

124.

Les jouissances que procurent les arts sont un moyen d'améliorer les mœurs.

SCHILLER.

125.

L'artiste est, il est vrai, l'enfant de son siècle; mais il est fâcheux pour lui qu'il en soit l'élève et surtout le favori.

SCHILLER.

126.

Il existe dans le grand livre de la nature certains feuillets qui ne sont lisibles que pour ceux qui se sont rendus familiers avec son écriture mystérieuse.

JEAN-PAUL.

127.

La poésie est pour nous ce que sera le jugement dernier; elle nous éclaire sans nous corriger.

JEAN-PAUL.

128.

On ne saurait *imiter* la nature; il faut la sentir et être identifié avec ses inspirations.

HEINSE.

*. **23** *

129.

L'art d'être heureux serait le plus commun des arts,
ainsi qu'il en est le plus facile, si les hommes n'étaient
pas dans l'habitude de se figurer qu'un but élevé ne saurait s'atteindre qu'avec un fastueux appareil.

WIELAND.

130.

Voulez-vous vous isoler du monde,..... cultivez les arts.
Voulez-vous vous lier à lui,.... cultivez encore les arts....

GOETHE.

131.

Les hommes d'une conception étroite ne voient dans la
nature que de la *terre*, et réduisent cette terre en une poussière à laquelle ils appartiennent; — mais ceux qu'anime
le feu du génie que les cieux ont produit, découvrent
dans les éléments les plus ordinaires les principes de l'é-
ternité qui est leur patrie.

WAGNER.

132.

Un caractère pur et serein, une ame dégagée de sou-
cis, une humeur enjouée, la plénitude des facultés vitales,
la santé et les dons qui nous rapprochent encore davantage de la Divinité, s'échappent à grands flots de la corne
d'abondance de la nature. Que celui qui désire obtenir
ou cultiver ces dons, se réjouisse au fond de l'ame d'habiter
les domaines du Dieu créateur.

GLATZ.

133.

La véritable grandeur ne doit jamais inspirer de crainte.
Lorsque celle-ci se manifeste, on doit être certain ou que
l'objet qui l'inspire manque de goût et de grace, ou que
la conviction de la conscience manque au spectateur.

SCHILLER.

134.

Tout ce qui est gracieux est *beau*, mais tout ce qui
est beau n'est pas gracieux pour cela.

SCHILLER.

135.

Le goût répand de l'harmonie dans la société, parce
qu'il donne de l'harmonie aux individus.

SCHILLER.

156.

Vous n'êtes point hommes, si vous n'êtes humains.

Voss.

137.

Le cœur nous rend contemporains de ce qui fut véritablement beau et élevé.

SCHWARTZFELD.

138.

Un être qui n'éprouve que l'amour de lui-même est un atôme perdu dans le vide de l'immensité.

SCHWARTZFELD.

139.

Les hommes s'acquitteraient tous dignement envers la vie, si, dans un genre quelconque, un grand objet, une noble idée, signalait leur passage sur la terre, et c'est déjà une preuve honorable de caractère que de diriger vers une même entreprise les rayons épars de ses facultés et les résultats de ses travaux.

Mme DE STAEL.